LA VÉRITÉ

sur

LES FINANCES

DE LA COMMUNE

DE CARPENTRAS

LA VÉRITÉ

sur

LES FINANCES

DE LA COMMUNE

DE CARPENTRAS

PAR

M. FORTUNET Eugène, Avocat

ANCIEN MAIRE

AVIGNON

TYP. DE Fr. SEGUIN AINÉ, RUE BOUQUERIE, 13

1872

[illegible]

[illegible]

[illegible]

[illegible]

TOKIO

[illegible]

[illegible]

A Monsieur David **GUILLABERT**,
Maire de Carpentras.

Monsieur,

Établi à la campagne, loin du théâtre de vos exploits, je vi-
vais fort paisiblement en famille, heureux de contempler *le ciel,
mes arbres et mes sillons,* comme l'a écrit fort élégamment ces
jours derniers un poëte de vos amis. Aussi, vous l'avouerai-je,
quel que pût être votre désir de me voir regretter l'écharpe
tricolore, j'avais le mauvais goût de vous refuser absolument
cette consolation. Si vous aviez à Carpentras les embarras, les
ennuis inséparables de la grandeur, chacun sait bien que je leur
étais étranger et que je plaçais même au premier rang de mes
plaisirs celui de ne pas m'occuper de vous.

Mais voilà qu'un beau jour, on vous accuse d'avoir gaspillé
les finances municipales. Vous vous taisez prudemment pendant deux mois pour laisser passer l'orage. Enfin acculé au
pied du mur, forcé de rompre le silence, vous essayez de donner le change et d'égarer l'opinion publique. Puisqu'il faut absolument une victime expiatoire aux *Minotaures du Comtat,* (le
mot ne m'appartient pas), vous me faites l'honneur de songer
à moi et de m'offrir en holocauste.

Je me contente tout d'abord de hausser les épaules et ne daigne pas relever le gant. Mais ne voilà-t-il pas qu'une nuée d'articles de journaux entonne un chant de victoire pour séduire les esprits faibles et faciles à égarer ? C'en est trop cette fois, et puisque vous tenez à ce que je vous réponde, vous allez être satisfait.

Je vous déclare cependant que mes explications s'adresseront surtout à mes concitoyens, que votre but est de tromper en me calomniant. Je compte même sur la justice de ceux avec lesquels j'ai pu être en désaccord sur le terrain politique. Les opinions n'ont rien à faire dans les questions de chiffres et de finances. Quant à vous, Monsieur, je n'espère guère vous convertir. Une longue pratique m'a appris à mes dépens combien vous êtes dur d'oreille, quand on cherche à vous faire entendre le langage de la vérité.

I

C'est donc bien vrai, vous êtes en face d'un déficit de 45,400 fr.

Il résultait, ce me semble, d'une délibération du Conseil municipal du 24 avril dernier que le découvert n'était que de 38,000 fr. Il a donc augmenté de 7,400 fr. dans moins de six mois. Dépêchons-nous de discuter, car au train dont marchent les choses nous arriverions bien vite à une somme de 100,000 f.

« Ce déficit, dites-vous dans un accès de lyrisme, parlant à mes amis du *Comtat*, il est le fait de l'un des vôtres, de M. Fortunet Eugène, puisqu'il faut l'appeler par son nom. »

Ne vous gênez pas, je vous en prie. Prononcez-le tout à votre aise. Il est des noms dont l'honorabilité est assez bien établie pour pouvoir défier jusqu'à vos morsures. La boue les touche sans les salir.

Puis vous criez à la négligence, à l'incurie ! Vous faites entrer en scène Bonaparte et le plébiscite, la paix et la guerre, l'Alsace et la Lorraine. Vous appelez la politique à la rescousse, pour détourner les yeux de vos additions chancelantes et mensongères.

Laissons là, si vous le voulez bien, et Napoléon et l'Empire. Et puisqu'il faut absolument que je vous suive sur le terrain des chiffres, je me résigne à cet ennui.

II

Il vous manque 45,400 fr. Est-ce bien ce chiffre, ou 46,200 fr. que je trouve d'après votre compte ? Arrivons au détail :

1° Vous avez eu dans mes prévisions de recettes au budget de 1870, un découvert de. . . . . . . 6,200 fr.

2° Je vous ai laissé de petites dettes criardes, à concurrence de. . . . . 1,200 fr.

Je ne vois encore là qu'un lever de rideau, quelques tours de gobelets, par lesquels vous voulez amuser la galerie et conquérir sa confiance. Voici venir votre grosse artillerie.

« Il était dû, c'est toujours vous qui parlez, *en l'absence de tous fonds pour les couvrir,* les dépenses suivantes :

3° A M. Verney pour l'élargissement de la rue de la Sous-Préfecture. . . . . 800 fr.

4° Pour les intérêts de l'emprunt de 130,000 fr. 18,000 fr.

5° Pour l'achèvement de la vicinalité. . . 12,000 fr.

6° Pour le prix des terrains destinés à l'agrandissement du cimetière. . . . . 8,000 fr.

____

Ce qui fait bien un total de. . . . . . 46,200 fr.

Retournons sur nos pas pour prendre une à une ces diffé-rentes affirmations.

1° RECETTES DE 1870

Je vous copie :

« Sur les prévisions du budget de 1870, dressé par M. E. Fortunet, il y a un déficit de plus de 6,000 fr.

« 2,000 fr. sur l'octroi,

« 2,000 fr. sur le collége,

« 2,000 fr. sur les permis de chasse. »

Qu'ai-je besoin ici de contrôler les chiffres ? Les prévisions portées en recettes n'étaient pas facultatives, mais obligatoires. Le revenu de l'octroi ne saurait être modifié, puisqu'il est fixé d'avance par une adjudication. Le revenu probable du collége est inscrit au budget par le Maire, tel qu'il lui a été proposé par le Principal avec l'assentiment du bureau d'administration du Collége. Enfin, on prend pour base de la recette future des permis de chasse, la somme qu'ils ont rapportée à la Commune l'année précédente.

Si donc les chiffres prévus et que nous n'avions pas le droit de modifier n'ont pas été réalisés, vous ne sauriez accuser personne de légèreté. Ma responsabilité n'est ici pas plus légitime que votre déficit n'est sincère.

Sans doute il est possible que certaines recettes vous aient trahi pendant la guerre ; il a pu vous manquer une somme de 6,000 fr. ; mais en prenant, au mépris de toute espèce de principes et de textes de lois, 8,000 fr. à la Caisse d'Épargne et au Mont-de-Piété, vous avez eu, non plus un découvert de 6,000 fr., mais un supplément de recettes de 2,000 fr.

Voilà la première étape franchie ; abordons la seconde.

2° PETITES DETTES CRIARDES

« Il nous a fallu payer, dites-vous sans rire, 1,200 fr. de comptes arriérés qui restaient dus par M. Fortunet et pour des travaux communaux à quelques ouvriers, ses plus intimes amis. »

Un peu plus d'exactitude, s'il vous plaît ! Vous n'ignorez pas qu'il était dû une partie de cette somme par les administrations que j'avais remplacées. Jamais les fournisseurs ne m'avaient adressé de réclamations ; j'ignorais la dette et peut-être l'ignoreriez-vous encore vous-même si les événements de 1870, en troublant la sécurité de nos créanciers, ne les avaient pas déterminés à rompre le silence.

Laissons donc, malgré cette réserve, les 1,200 fr. à ma charge.

Excusez ma naïveté ; je croyais que quelques comptes oubliés ou vainement réclamés aux fournisseurs par un chef de service, à l'insu du Maire, n'étaient pas de nature à le compromettre et à faire crier au scandale ! Dès mon entrée en fonctions, en septembre 1865, ne m'avait-il pas fallu éteindre certaines dettes qui dataient de loin, dont l'une notamment de 900 fr. se rapportait à la fête de N.-D.-de-Santé en 1863 ? (1)

Loin de moi la pensée d'exhumer ces souvenirs pour faire le procès de mes prédécesseurs. Je sais combien de pareilles misères sont inséparables de la meilleure administration !

Vous voilà donc aux prises avec un arriéré de 1,200 fr., que vous avez mis deux ans à payer. Ayez la pudeur cette fois de

(1) On voit que je payais les dettes anciennes quand je les connaissais. En une seule fois, j'ai acquitté 900 fr., alors qu'on ne trouve que 1,200 fr. d'arriéré pour mon administration tout entière qui a duré cinq ans.

ne pas parler de déficit, car je vous ai légué un crédit de 1,200 fr. (entamé en 1870, intact en 1871) pour faire face aux dépenses imprévues.

Je crains sincèrement, Monsieur le Maire, que le pays ne comprenne jamais bien tout ce qu'il vous a fallu d'héroïsme pour accepter ma succession ; tout ce qu'il vous a fallu de génie pour liquider en deux années, avec un budget de 200,000 fr., avec des fonds réservés pour les dépenses imprévues, une faillite administrative de..... 1,200 fr.

Il est temps d'en finir avec ces puérilités et d'arriver à des accusations plus sérieuses auxquelles des documents irrécusables se chargeront de donner les plus formels et les plus humiliants démentis.

3° AFFAIRE VERNEY.

De quoi vous plaignez-vous ? Lors de votre avénement à la Mairie, il était encore dû à M. Verney, pour rectification de la rue de la Sous-Préfecture, une somme de 700 fr., plus une annuité d'intérêts, environ 35 fr., car j'espère que vous me ferez grâce de ceux qui ont couru sous votre administration. Total de la dette : 735 fr.

Maintenant, prenez la peine d'ouvrir le budget supplémentaire de 1870, que vous me paraissez ne pas connaître du tout, (c'est une supposition dont vous apprécierez la politesse) ; vous y lirez au CHAPITRE DES DÉPENSES, ART. 35 : *Élargissement de la rue de la Sous-Préfecture*, 690 fr. Il vous manquait donc à ce moment, non pas 800 fr., comme vous avez le triste courage de l'affirmer, mais une somme de 45 fr.

Il est sur chaque question deux points que je dois éclairer : le déficit d'abord, le voilà jugé ; puis, l'incurie de votre prédé-

cesseur, auquel j'ai le droit, vous le reconnaitrez, de m'intéres-
ser beaucoup.

La somme due à M. Verney était payable dès le mois d'a-
vril 1860 et ne lui a été comptée qu'en septembre 1872.
Cela fait douze ans de retard. Je pourrais vous faire remarquer
qu'ayant été Maire cinq ans seulement, il reste sept ans de négligence, si négligence il y a, à la charge de mes prédécesseurs et de mon impitoyable successeur.

Mais ce n'est pas là qu'est la vérité. La Mairie s'était réser-
vée dix ans pour payer M. Verney, qui de son coté devait faire
remploi des 700 fr. représentant un bien dotal. A l'expiration
des dix années, M. Verney m'a fait l'honneur de venir me
trouver pour me demander un peu de temps encore, afin de
chercher un placement à sa convenance. « *La ville de Carpentras*, lui ai-je répondu, *est trop reconnaissante de vos
longs et brillants services pour ne pas saisir avec empresse-
ment une occasion de vous être agréable.* »

Il paraît, Monsieur le Maire, que vous êtes de mon avis,
puisque, pouvant payer M. Verney tout de suite après mon
depart (le 7 août 1870), — vous aviez les fonds (690 fr.) en
caisse, — vous avez attendu le 29 août 1872 pour le désintéres-
ser, et vous avez ainsi grevé la ville de deux nouvelles annuités d'intérêts.

De la rue de la Sous-Préfecture il n'y a qu'un pas à faire
pour arriver aux chemins vicinaux.

4° VICINALITÉ

L'attaque, ici, va tourner au vaudeville. Je la transcris fidèlement.

« Le Conseil municipal en 1869 avait voté un emprunt de
10,000 fr. à faire à la caisse des chemins vicinaux. M. Fortu-

net les a inscrits au budget de 1870. Il a ajouté 2,000 fr. en 1871. Total : 12,000 fr. En vertu de sa négligence habituelle, M. Fortunet n'a pas réalisé l'emprunt en temps opportun à la caisse vicinale qui a sombré au 4 septembre, au milieu des désastres de l'Empire. Donc déficit de 12,000 fr. »

Tout cela n'est qu'une grossière invention. Voici de l'histoire : en 1869, en effet, le Conseil vota en principe un emprunt de 10,000 fr. pour l'achèvement de notre réseau vicinal. Je les portai immédiatement au budget, par l'excellent motif que c'était mon devoir et que je n'avais pas le droit d'agir autrement. Il est de règle de faire figurer en recettes et en dépenses, ne fût-ce que pour mémoire, des sommes votées, dont il arrive souvent qu'on fera usage beaucoup plus tard. (1)

M. l'agent-voyer, chargé de notre service vicinal, m'avertit qu'il avait l'intention de répartir les 10,000 fr. à emprunter u r les travaux de plusieurs années. Il devenait dès lors insensé de demander cette somme à la caisse des chemins vicinaux ; d'en payer l'intérêt au Gouvernement, pour la laisser ensuite improductive dans la caisse municipale.

Sur les conclusions de M. l'agent-voyer, approuvées par le Conseil municipal, je me contentai d'inscrire sur le budget de 1871 une somme de 2,000 fr.

Arrivons bien vite à la justification éclatante de ce que j'avance.

Veuillez prendre la peine, Monsieur le Maire, d'ouvrir le budget primitif de 1871, vous y lirez à l'article 49 :

« Portion réalisable en 1871 de l'emprunt de 10,000 fr.

(1) En 1864, par exemple, seize mois avant ma nomination de Maire, on inscrivait au budget supplémentaire une somme de 100,000 fr. à réaliser à la Caisse des dépôts et consignations; on faisait figurer en regard de cette recette les dépenses dont elle était destinée à payer le prix. Cette somme ne fut réalisée qu'au milieu de 1865 et au commencement de 1866.

contracté à la caisse des chemins vicinaux, suivant autorisation du 30 juillet 1869 : 2,000 fr. »

Comment la plume ne vous est-elle pas tombée vingt fois des mains, en écrivant que je vous ai légué pour la vicinalité un déficit de 10,000 fr. en 1870, et de 2,000 fr. en 1871, puisque le second crédit était destiné, non pas à augmenter, mais à remplacer le premier ?

Il ne vous reste pas même la consolation de dire que la suppression de la caisse vicinale vous a occasionné un déficit de 2,000 fr. ! En 1870 et 1871 j'avais porté une première fois 410 fr., une seconde 80 fr. pour l'amortissement de cet emprunt. Voilà 500 fr. de fonds devenus libres. Ajoutez les économies que vous avez faites sur la compagnie des pompiers, sur la musique municipale, et vous aurez bien vite trouvé les 1,500 fr. qui vous manquaient encore.

Et c'est vous, financier modèle, qui vous proposez comme professeur de comptabilité municipale aux fondateurs du *Comtat ?* Croyez-moi, si vous retournez jamais à l'école des Frères, que ce ne soit plus pour faire subir un examen à leurs élèves, mais pour les supplier humblement de vous donner des leçons.

De grâce, respirons un moment sur cette route semée de ronces et de chiffres, que vous me faites parcourir et dont vous espériez que je ne sortirais pas. Commencez-vous à revenir de cette illusion ? — Non ? Eh bien ! poursuivons, j'ai encore mieux à vous offrir.

5° INTÉRÊTS DE L'EMPRUNT DE 130,000 FRANCS

Vous avez eu, Monsieur, cela n'est pas douteux, certaines annuités d'intérêt à payer pour l'emprunt de 130,000 fr., contracté en 1870. Mais il importe d'en bien préciser le chiffre, avant de rechercher toute responsabilité.

J'ai relu trois fois dans votre lettre, sans vouloir en croire mes yeux, l'assurance que vous auriez eu à payer 18,000 fr. d'intérêts. Comptons ensemble: l'amortissement de l'emprunt doit commencer en 1873; le premier coupon d'intérêts *que la ville a eu à puiser dans la caisse municipale* est échu le 1er janvier 1871. (1) Or, si je ne me trompe, entre le 1er janvier 1871 et le 1er janvier 1873, il ne saurait y avoir que deux annuités d'intérêts, lesquelles, à raison de 6,500 fr. l'une, font un total, non point de 18,000 fr., mais de 13,000 fr.

Comment le chef de la municipalité, qui a signé les mandats lui-même, peut-il fermer les yeux à la lumière? Comment espère-t-il tromper quelqu'un, quand son Conseil municipal a loyalement constaté, il y a moins de six mois, que les intérêts à payer s'élevaient, non point à 18,000 fr., mais à 13,000 fr.?

S'il vous en coûte trop de répondre à cette question, je vais vous y aider. Vous vous trouvez en face d'un déficit de 45,400 fr. Et comme il faut bon gré malgré que le chiffre de prétendues négligences s'élève à la hauteur de cette somme, vous inspirant du souvenir de la *multiplication des pains*, **vous** essayez à votre tour d'opérer le miracle de la multiplication des intérêts.

Recherchons maintenant quel était mon devoir, avant de nous demander si j'ai su le remplir?

Trois mois avant ma sortie de la Mairie (7 août 1870) j'ai eu à dresser mes deux derniers budgets :

(1) Avant cette époque, au mois de juillet 1870, lorsque les souscripteurs étaient venus payer au Receveur municipal le solde de leurs souscriptions, on leur avait fait la déduction des intérêts courus depuis leur premier versement.

1° Le budget supplémentaire de 1870 ;

2° Le budget primitif de 1871.

C'est dans le budget supplémentaire de 1870 (applicable jusqu'au 31 mars de l'année suivante) que le Conseil fit figurer en recettes ce qui lui restait des 130,000 fr. empruntés. Il en régla la destination dans le chapitre des dépenses comme il l'entendit.

J'aurais été bien coupable, je le reconnais, si, dans mon projet de budget, je n'avais pas appelé l'attention du Conseil sur les deux coupons d'intérêts de l'emprunt, montant chacun à 3,500 fr. et payables l'un le 1ᵉʳ janvier, l'autre le 1ᵉʳ juillet 1871. (1)

Ai-je donc commis la faute impardonnable de ne rien porter pour les intérêts de 1871 ?

Voici votre réponse : « Le Maire d'alors n'avait RIEN PRÉVU pour cette dépense ; NULLE RESSOURCE DE PRÉVISION n'avait été établie à cet effet. »

Cet arrêt tombé de votre bouche a réussi un moment à me troubler et à dérouter ma mémoire. Comment supposer, en effet, qu'un Maire, qui a tous les budgets sous les yeux, puisse en nier audacieusement le contenu ?

C'est cependant ce que vous avez fait. Allons, Monsieur le Maire, un peu de courage, prêtez-vous à l'expiation qui vous attend. Ouvrez encore une fois, à ma requête, le budget supplémentaire de 1870. Vous y verrez que j'ai attribué *tout ce que je pouvais réunir de fonds libres au paiement des intérêts*

(1) Sans doute, le budget supplémentaire de 1871, qu'on dresserait au mois de mai de la même année, serait à temps à pourvoir sur les fonds libres, au coupon de juillet ; mais il était indispensable dès à présent de voter les fonds représentant le coupon de janvier.

de l'emprunt.. Lisez, puis courbez humblement la tête devant *l'article* 32 *(chapitre des dépenses)* :

Intérêts de l'emprunt et autres frais. . .5,625 fr. (1).

Vous le voyez, il devait suffire plus tard à mon successeur, en dressant le budget supplémentaire de 1871, de porter ce crédit de 875 fr. pour payer le coupon de juillet.

J'étais donc parfaitement en règle, car je suppose que vous n'allez pas demander au Maire de 1870 de vous préparer des économies pour vous aider à payer les intérêts de l'emprunt en 1872 ?

Nous n'en avons pas encore fini avec les surprises. Quand on voyage en votre compagnie il faut ménager soigneusement son indignation. A défaut, on n'en aurait jamais assez pour arriver au bout.

6° TERRAINS DU CIMETIÈRE

Tenez, j'ai gardé ceci pour le bouquet. Vos affirmations sur la question du cimetière dépassent toute espèce de bornes. Ce sont les colonnes d'Hercule de.... votre assurance.

Parlez, nous vous écoutons :

« Quant aux 8,000 fr. destinés aux réparations de l'Observance, oui, ils ont servi à payer autre chose.... ils ont servi à payer les propriétaires du terrain destiné à l'agrandissement du cimetière. »

Ainsi, je ne vous ai pas laissé de fonds pour payer ces terrains et vous avez été obligé de prendre les 8,000 fr. réservés à l'Observance ?

---

(1) Que M. David-Guillabert n'aille pas équivoquer et dire que ce crédit s'appliquait, non point à l'emprunt de 130,000 contracté en 1869-70, mais à celui qui avait été fait sous la Mairie de M. de Jocas en 1861. La somme destinée à amortir le capital et à payer les intérêts de cet emprunt est portée toutes les années sur le budget primitif.

Monsieur le Maire, voici encore le spectre de Banco qui se dresse devant vous sous la forme du budget supplémentaire de 1870. Entendez-le : il vous invite à vous armer une dernière fois de ces fameuses lunettes, dont vous nous avez vanté si souvent la supériorité ; il vous convie à lire votre condamnation ainsi libellée :

CHAPITRE DES DÉPENSES.

ART. 23. Élargissement du cimetière. . .   8,787 fr.
(Il y avait 7,029 fr. pour le principal
et 1,558 fr. pour les intérêts.)

Et plus bas :

ART. 28. }
— 31. } Observance. . . . .   8,760 fr.

Je ne saurais ajouter un mot à cette foudroyante révélation. Aussi bien je suis écœuré de vous surprendre si souvent en flagrant délit de mensonge et de calomnie. Jamais, non, jamais, je vous le jure, M. David Guillabert, quelque opinion que j'eusse de vous, je ne vous aurais cru capable d'outrager aussi audacieusement la vérité.

Voilà assez longtemps que je réponds à vos attaques ; à mon tour de vous adresser une question.

III

Si M. Fortunet avait été assez mal inspiré, assez léger, assez fou, tranchons le mot, pour vouloir détourner de leur destination les fonds dus à M. Verney, aux vendeurs des terrains du cimetière, etc., de bonne foi, l'aurait-il pu ?

J'ignore si les règles administratives ont changé depuis deux ans ; mais de mon temps, le Maire ne faisait qu'un projet de budget soumis ensuite à l'approbation du Conseil municipal. Le

Conseil en confiait l'étude à une commission des finances. Venait enfin le jour de la discussion, où le commissaire rapporteur (c'était généralement M. Ad. Valabrègue) lisait les budgets article par article et demandait pour chacun d'eux un vote d'approbation.

Écoutez bien, c'est ici que ça devient intéressant. En 1868-1869-1870, j'ai eu la bonne fortune de rencontrer dans la Commission des finances un conseiller qui se disait terrible. Il se représentait comme l'Attila, le fléau des..... Maires négligents. La veille de ma sortie de la Mairie, il publia un manifeste dans lequel, me prenant à partie, il affirmait qu'il avait été pour moi « *un conseiller gênant, un surveillant infatigable..... qu'il avait suivi pas à pas mon administration.* »

Comment aurais-je réussi à tromper un adversaire si redoutable ? Est-ce à un champion de sa force que j'aurais pu fermer les yeux et faire oublier les intérêts de l'emprunt et la créance de M. Verney ? Ne m'aurait-il pas dit d'une voix foudroyante, lui qui, un jour, dans une discussion du budget, m'a tenu deux heures sur l'empoisonnement des chiens : M. le Maire, où sont les fonds destinés à payer tous nos créanciers ?

Ah ! vous pouvez vous en rapporter à sa vigilance ; car ce conseiller municipal, que dis-je, ce tuteur, cette Providence de la ville de Carpentras n'est autre que.... vous-même !

IV

Nous voici au dénouement :

Mais si je ne suis pas le coupable, quel est-il donc ? car il y en a un.

Il existe un Maire qui a creusé un déficit de 45,400 fr, dans la caisse municipale ; qui a employé à je ne sais quel usage les fonds destinés à réparer l'Église de l'Observance ; qui avait en mains 30,000 fr. pour agrandir les bâtiments de la bibliothèque, pour y créer un abri aux collections Barjavel ; et qui n'a pas craint de détourner cet argent de sa destination, au mépris des promesses faites à un mourant.

Ce Maire, M. David-Guillabert, ne faites pas semblant d'aller le chercher dans le passé! Détachez les cordes de votre masque. Faites votre confession, reconnaissez que c'est vous-même !

Ne parlez pas de déficit laissé par votre prédécesseur. Vous n'y avez jamais cru. Vous avez trouvé dans la caisse municipale tout ce qu'il était de mon devoir d'y garder fidèlement en dépôt. Mes derniers budgets viennent de vous infliger autant de démentis que vous avez forgé de calomnies à mon adresse.

Et maintenant chantez vos louanges ; faites-vous faire des articles de journaux ; dites-nous que la population bénit votre administration; vous ne tromperez plus guère les honnêtes gens.

Vos articles de journaux ? nous les connaissons. Ils ont beau venir du dehors, ils portent tous la marque de leur éternel auteur. Ce sont les épaves de feu le *Paysan*, de ce pauvre *Paysan*, impuissant à s'acclimater parmi nous, mort à la fleur de l'âge, et auquel l'indifférence publique a fait un enterrement fort *incivil*.

La reconnaissance ? Mais dans quel milieu honorable avez-vous donc la prétention d'aller la chercher? Serait-ce par hasard au Conseil municipal? on affirme que le lit de roses sur lequel il vous a couché, commence à faire sentir cruellement ses épines. Serait-ce dans les rangs de la compagnie des pompiers ? on sait en quels termes ils parlent de vous et avec quelles fleurs ils vous tressent des couronnes.

Non, Monsieur, il n'est qu'un coin de Carpentras, un coin bien caché où on peut vous bénir. C'est là que, pendant la guerre, votre cœur généreux a volé au secours d'une industrie en souffrance (1). C'est pour elle que vous avez écrit ce petit chef-d'œuvre de cynisme, dont l'auteur n'a pas l'air de se douter qu'il existe ici-bas une loi morale et une loi criminelle. Si jamais on dresse à Carpentras votre statue quelque part, c'est dans ce coin, dans ce coin seul, m'entendez-vous, qu'il faudra la chercher.

Tenez, Monsieur, c'est juste au moment où ma lettre finit, que mon embarras commence : je ne sais comment la terminer.

Écrivant dernièrement à MM. Barret et Barcilon, vous leur disiez : Je vous salue *avec la considération que vous méritez.* Certes, personne ne s'y est trompé. Ces messieurs se montreraient trop difficiles si une pareille politesse ne leur suffisait pas. Je n'ose me servir vis-à-vis de vous de la même formule, elle ressemblerait trop à une injure.

Je vous salue donc, M. David-Guillabert, avec la considération qui est toujours due à l'écharpe municipale momentanément égarée entre vos mains.

Le Thor, 25 octobre 1872.

FORTUNET Eugène.

------

(1) Pendant la guerre de 1870-71, le départ des soldats de la réserve, des mobiles et des mobilisés, fit, paraît-il, un grand vide dans les maisons de tolérance de Carpentras. M. David-Guillabert, maire, supplié par les victimes de l'absence de venir à leur secours, se laissa attendrir. Les majeurs valides étaient sons les drapeaux ; il leur livra les mineurs, à partir de l'âge de 18 ans, et méconnut ainsi de la façon la plus formelle les dispositions de l'art. 334 du code pénal. Obligé d'en faire l'aveu a la justice, sa conduite fut publiquement flétrie devant la Cour de Nîmes, en pleine audience, par M. l'avocat général.

www.ingramcontent.com/pod-product-compliance
Ingram Content Group UK Ltd.
Pitfield, Milton Keynes, MK11 3LW, UK
UKHW021720090726
13657UKWH00005B/2367